IMPRIMERIE DE POULET, QUAI DES AUGUSTINS, N° 9.

BONAPARTE,

ALEXANDRE

ET PERTINAX.

OU

DE QUELQUES-UNS DE CEUX QUI, COMME LUI,

SE SONT ÉLEVÉS D'EUX-MÈMES A L'EMPIRE.

.... tu secundo
Cæsare regnes.
HORAT. Od. 12.

PARIS,

CHEZ LES MARCHANDS DE NOUVEAUTÉS.

1821.

BONAPARTE,

ALEXANDRE

ET PERTINAX.

OU

DE QUELQUES-UNS DE CEUX QUI, COMME LUI, SE SONT ÉLEVÉS D'EUX-MÊMES A L'EMPIRE.

CEUX qui vont lire cette brochure, s'imagineront peut-être que c'est un reste d'amour pour l'homme, qui me l'a fait entreprendre ; ils se tromperont. J'aime la liberté, et je sais trop ce qu'on a à reprocher à Bonaparte, pour ne l'avoir pas servie comme il avait paru le vouloir faire, et comme il pouvait le faire ; mais je sais aussi ce que ce général a fait pour la France, et je ne vois pas sans douleur qu'on n'ait pas donné un asyle à des cendres à côté desquelles tiendraient à honneur d'être placées celles des Turenne et des Catinat. Notre gloire, au reste, s'allie à son nom, et ne tient pas peu de lui, on devrait donc le trouver où elle brille. Son tombeau ne pourrait pas l'honorer moins que ceux de cette longue suite de rois fainéans qui n'ont eu que la peine de naître sur le trône pour reposer à côté de leurs aïeux. Je ne demanderais pas la majesté des autels, souillée d'ailleurs trop de fois par la présence de ceux qui reposent à leurs pieds, il suffirait d'une pierre à celui qui remplit l'Europe de sa puissance et de sa valeur, pourvu qu'elle se trouvât sur le sol qu'il ennoblit et qu'il régénéra.

Je me propose seulement de jeter un coup-d'œil sur la fin de quelques - uns de ceux qui, comme lui, se sont élevés d'eux-mêmes, et de faire voir que, quels qu'ils aient été, on n'a pas du moins proscrit leurs restes. Ce serait un ouvrage curieux à faire que celui qui offrirait le tableau de tous ces souverains que la fortune a élevés jusqu'à commander à leurs semblables et à les gouverner ; mais c'est une tâche trop longue et au-dessus de mes forces. Je veux seulement examiner si les cendres de quelques-uns, et je choisirai de préférence ceux que l'histoire a flétris, ont été jetées au vent, ou proscrites, ou abandonnées.

Les premiers qui s'offrent à nous, chez les Romains, sont Alexandre-Sévère et Pertinax. Ils périrent victimes de leurs faux calculs et de leur ambition, cependant leurs cendres ne furent pas proscrites, quoiqu'ils eussent contre eux l'opinion publique et la jalousie de ceux qui leur avaient succédé. On sait que Pertinax avait attiré sur sa tête la haine des légions contre le vœu desquelles d'ailleurs il avait été nommé empereur, et qu'il avait voulu assujétir à une discipline bien plus sévère que celle de Commode son prédécesseur. Cette discipline, cependant, n'offrait que de grands avantages ; mais il est à remarquer, comme l'a dit un écrivain célèbre, que l'on encourt la haine en faisant le mal comme en faisant le bien. Toutefois les hommes que l'amour ou la haine ont rendus célèbres , ne se ressemblent pas par le même côté. Si Alexandre a été vanté par les historiens pour sa clémence , ils n'ont pas non plus dissimulé le mépris qu'on lui portait à cause de sa mollesse , et parce qu'il se laissait gouverner par sa mère. Qu'on ouvre l'histoire de France , combien trouvera-t-on de rois qui ne ressemblent à Alexandre que dans ces derniers points? et cependant ils reposent dans le sanctuaire, à côté des rois, et presque à côté des saints ! Napoléon encourera-t-il jamais un semblable reproche ? Si on le blâmait, ce ne pourrait être que de n'avoir pas toujours fait comme dans le principe : c'est-à-dire , tout par lui-même ; de n'avoir pas tout vu par ses yeux ; d'avoir pu croire, à une certaine époque, qu'il pouvait enfin s'en rapporter à ses bienfaits , et qu'il ne pouvait être trahi par ceux qui en avaient été comblés.

Si l'on ne peut pas dire de Bonaparte ce qu'on dit d'Alexandre , que pendant un règne de quatorze ans, il ne fit mourir personne sans jugement, on dira du moins, et ce qui n'est pas moins honorable, qu'ayant en main les preuves d'une trahison infâme, il les anéantit à la prière de celle dont le sang ne pouvait plus attendre qu'ignominie. On dira encore de lui qu'il étouffa l'anarchie révolutionnaire ; qu'il donna une physionomie imposante et glorieuse à l'État français ; qu'il sut réunir les factions et se les soumettre ; qu'il substitua le Code le plus sage aux coutumes les plus absurdes et les plus flétrissantes ; qu'il anéantit des préjugés fortifiés par dix siècles d'existence et d'oppression ; qu'il protégea les sciences et les arts ; qu'il rendit à la religion sa majesté, quoiqu'il ne voulût plus qu'elle fût intolérante ; qu'il fournit à l'industrie et au commerce de nouvelles ressources ; qu'il éleva ou fonda des monumens dignes des beaux siècles de la Grèce et de Rome ; que s'il fit une guerre injuste, ceux qui eurent à la soutenir n'en ont pas moins fini par le remercier, puisque c'est par elle qu'ils ont appris à triompher du fanatisme, et à conquérir leur liberté.

Il régna sans doute trop par le code de la conquête, pour me servir de l'expression d'une femme justement célèbre ; mais du moins, à l'exemple des Commode, des Sévère, des Caracalla et Maximin, ne s'est-il pas livré à toutes sortes d'excès pour satisfaire l'avarice et la cruauté de ses soldats. A l'avidité naturelle à une soldatesque habituée à triompher toujours, il avait substitué un noble enthousiasme, le plus beau désintéressement et le respect le plus aveugle aux lois. Il connaissait les Français : il savait qu'ils chérissaient l'honneur, et il les faisait marcher à la mort au seul signe qui, s'ils lui échappaient, attesterait un jour qu'ils n'avaient été guidés que par cet honneur même. L'Europe retentit encore, et la postérité dédaignera peut-être de le croire, de cette soumission étonnante de ces phalanges immortelles qui déposèrent sur les bords de la Loire, à la seule voix de leur nouveau souverain, les armes qui avaient fait trembler le monde, quoiqu'ils ne les eussent point prises à son nom.

Si donc Sévère, malgré ses fautes, se concilia l'affection des soldats et l'admiration des peuples, pourra-t-on faire un crime à un Français de rendre à un général plus juste ce que les Romains donnèrent à un empereur qui le fut moins.

Si j'insiste sur Sévère, c'est que je ne me suis pas d'abord proposé un grand nombre d'exemples, et parce que, comme Bonaparte, il s'est élevé de lui-même à l'empire ; mais, du reste, leur conduite diffère en tout : Sévère n'arriva au trône que par des lâchetés et des trahisons odieuses, Bonaparte y fut porté. Sévère ne se trouvait qu'en face d'un empereur lâche, Julien, Bonaparte avait à lutter contre des factions intérieures, puissantes et audacieuses, contre toute l'Europe et déjà sur notre territoire. Sévère a à peine vaincu Pescennius Niger qu'il le fait mourir ; il n'a pas détrôné Albinus, qu'il avait lâchement trompé en lui promettant de partager l'empire avec lui, qu'il le fait assassiner ; Bonaparte triomphe trois fois de l'Allemagne, il en peut disposer, mais non-seulement il rend à l'ancien empereur sa couronne, il lui donne encore un titre qui aurait été jalousé par tous les souverains de l'Europe.

Sévère mourut honoré des Romains, et les cendres de Bonaparte attendent encore une asyle dans la patrie qu'il a pacifiée, dans l'État qui ne doit peut-être qu'à lui d'être encore une puissance.

Qu'on lise l'histoire des Césars qui se sont élevés d'eux-mêmes ? Leur vie n'est qu'une suite d'oppressions du peuple, pour favoriser et enrichir le soldat ; meurent-ils assassinés, on ne leur en élève pas moins de monumens considérables.

Si l'on ne peut refuser à Bonaparte d'avoir rendu à la nation française les plus grands services et de l'avoir soustraite aux déchiremens intérieurs sous lesquels elle eut succombé, voudra-t-on que, semblable à cette nation qui ne s'occupa que d'asservir le monde, elle n'ait eu que le masque de la générosité et de la reconnaissance, qu'elle n'ait reconnu Bonaparte comme souverain que parce qu'il servait ses intérêts, et que sa tâche une fois remplie, d'assurer son repos et de soumettre ses ennemis, elle le précipite du trône dans l'ignominie? Sont-ce là de ces leçons qu'elle est accoutumée de donner, elle qui passe pour la plus généreuse et la plus reconnaissante? Marius fut tyran, mais il servit aussi sa partie, et ce souvenir a prévalu pour sa gloire et pour la postérité. Son nom se trouve toujours étroitement lié à la grandeur du peuple souverain.

Quels pourraient être les motifs qui feraient répudier les restes de l'Annibal français? Des dangers imaginaires attachés à son nom? Mais craignit-il jamais, lui, de réveiller la mémoire de ceux qui pouvaient nous être chers? Envain les vandales de la révolution avaient voulu anéantir jusqu'à la moindre trace de ce roi libéral et populaire, qui fut obligé de triompher de son peuple pour le rendre heureux, Bonaparte, dont l'âme était trop noble, pour ne pas admirer la gloire du grand Henri, ne traverse pas les plaines d'Ivry, retentissantes de sa grandeur et de son courage, qu'il ordonne à l'instant qu'on élève une pyramide à la gloire de celui qui rendit ces mêmes plaines immortelles. Il pouvait s'en dispenser sans doute, puisque le procès de tous les monumens de cette espèce avait été fait depuis long-temps, mais son âme n'en reçoit pas le moindre ombrage, il sait que les grands hommes sont contemporains et que l'histoire de l'un conduit à celle de l'autre.

Des hommes que ses bienfaits déshonorent, puisqu'ils n'ont fait que des ingrats, peuvent certainement le poursuivre encore lorsqu'il ne peut plus leur pardonner, mais ils entendront retentir sans cesse à leurs oreilles les paroles de M. de Fontanes (1). « Tout ce qui fut obscur attaque tout ce qui fut illustre. La bassesse et l'envie parcourent les places publiques, en outrageant les images qui les décorent ; on persécute la gloire des grands hommes, jusques dans le marbre et l'airain qui en reproduisent les traits ; leurs statues tombent, on ne respecte pas même leurs tombeaux. Le citoyen fidèle ose à peine dérober en secret quelques-uns de ces restes sacrés, il y cherche en pleurant l'ancienne gloire de la patrie et leur demande pardon de tant d'ingratitude. Cependant il ne déséspère jamais du salut de l'État, et au milieu même de tous les excès, il attend le réveil de tous les sentimens généreux.»

Par J.-B. M.....d.

---

(1) Discours du 23 août an XIII.

www.ingramcontent.com/pod-product-compliance
Lightning Source LLC
Chambersburg PA
CBHW061210050726
47594CB00008B/3632